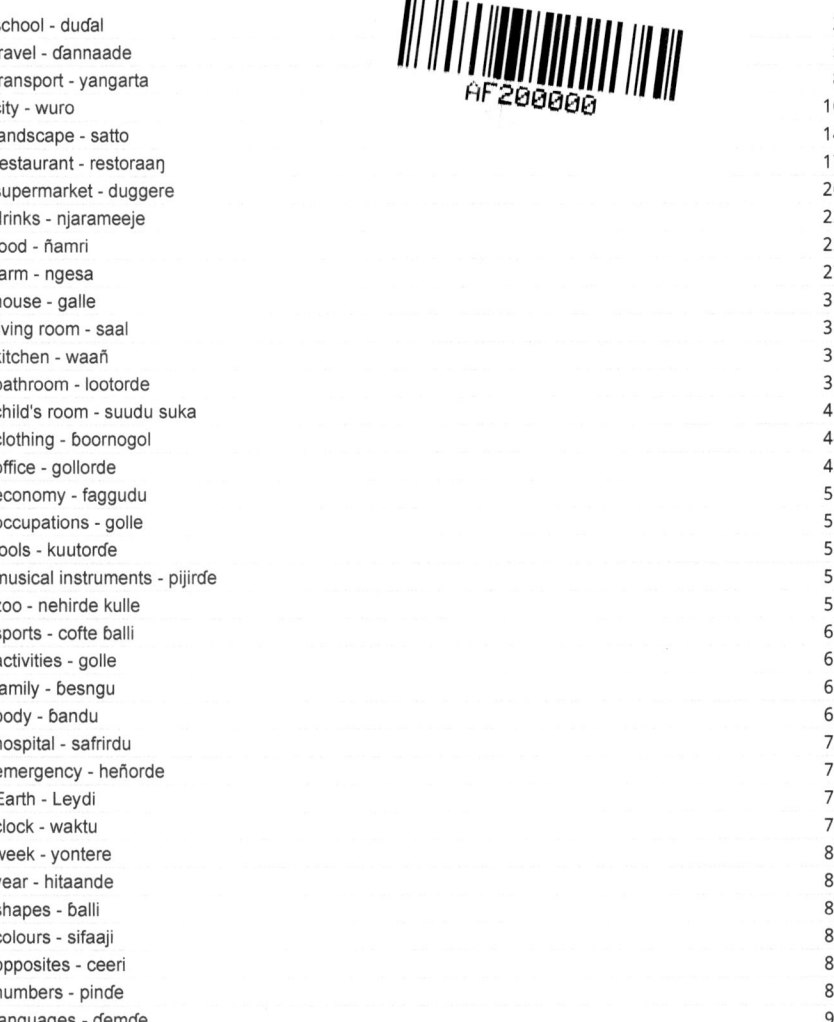

Impressum
Verlag: BABADADA GmbH, Nedderfeld 112 , 22529 Hamburg
Geschäftsführer / Verlagsleitung: Harald Hof
Druck: Books on Demand GmbH, In de Tarpen 42, 22848 Norderstedt

Imprint
Publisher: BABADADA GmbH, Nedderfeld 112 , 22529 Hamburg, Germany
Managing Director / Publishing direction: Harald Hof
Print: Books on Demand GmbH, In de Tarpen 42, 22848 Norderstedt

school
duɗal

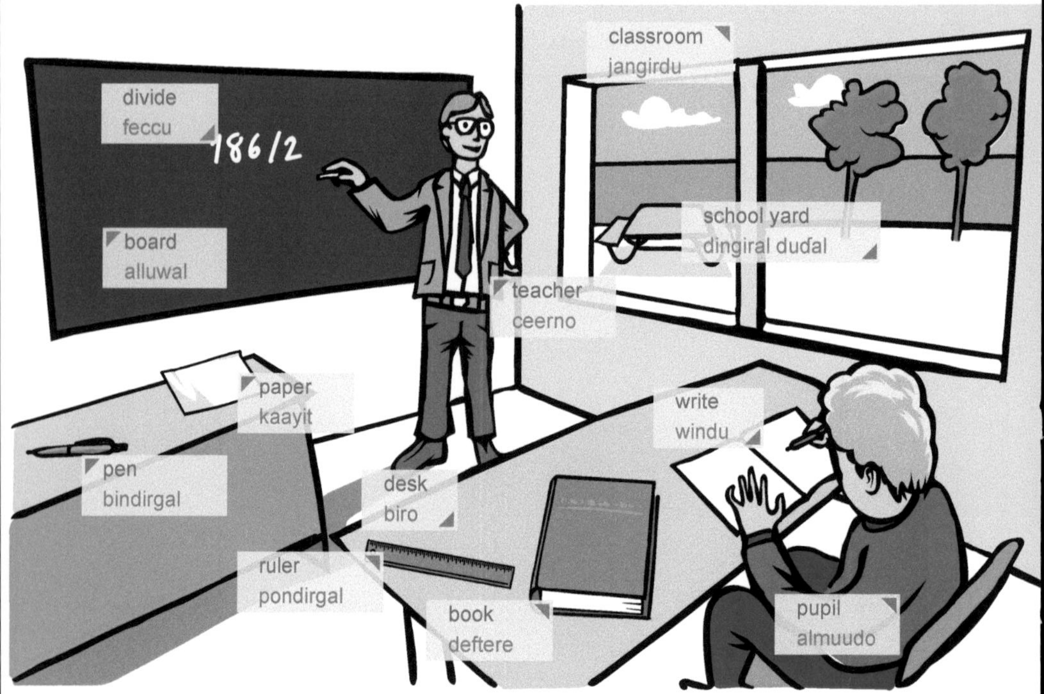

classroom
jangirdu
divide
feccu
186/2
board
alluwal
school yard
dingiral duɗal
teacher
ceerno
paper
kaayit
write
windu
pen
bindirgal
desk
biro
ruler
pondirgal
book
deftere
pupil
almuudo

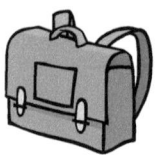

satchel

sakosel

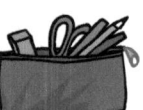

pencil case

suudu kuɗol

pencil

kuɗol

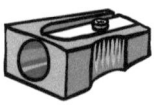

pencil sharpener

ceeɓnoowo kuɗol

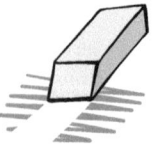

rubber

momtirgal

drawing pad

nokku diidirɗo

drawing
diidgol

paintbrush
diidirgal

paint box
suudu diidordu

scissors
sisooje

glue
kol

exercise book
deftere softinorde

homework
coftinogol

number
tongoode

add
ɓeydu

subtract
ustu

multiply
hebbin

calculate
lim

letter
bataake

alphabet
hijju

word
kongol

text

windande

read

jangu

chalk

bindirgal

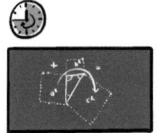

lesson

darsu

register

windaade

exam

ÿeewtogol

certificate

ijaazi

school uniform

wutte jaŋirɗo

education

jaŋde

encyclopedia

ɗowitorde mawnde

university

jaaɓi haatirde

microscope

mokoroskop

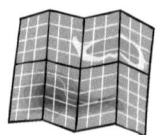

map

wertaango

waste-paper basket

siwo mbalis

travel
ɗannaade

hotel
otel
Grand
hostel
hoɗirdu
ROOMS
EXCHANGE
bureau de change
nokku beccirɗo
car
oto

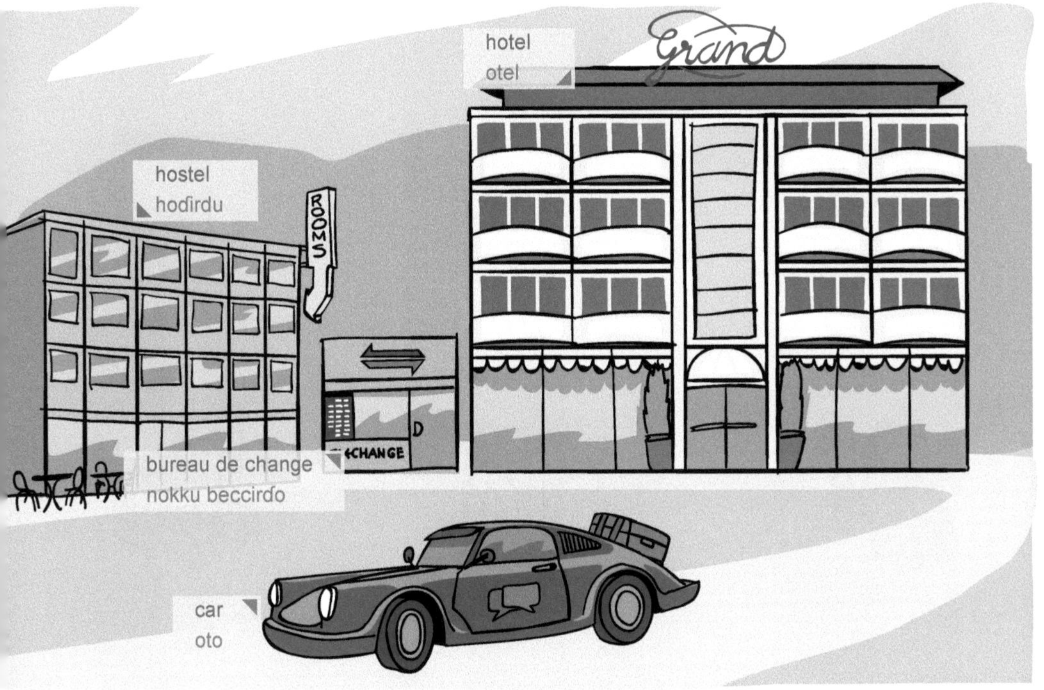

language
ɗemngal

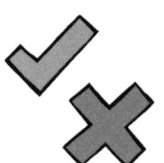

yes / no
ey / ala

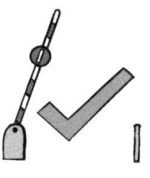

Okay
Eyyo

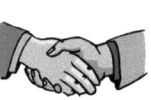

hello
mbaɗɗa

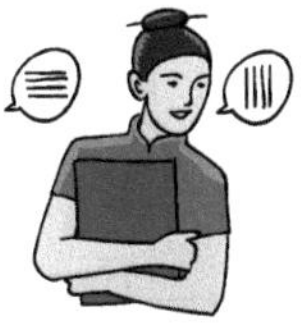

translator
pirtoowo

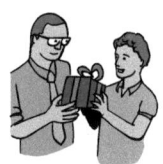

Thank you
jaraama

how much is...?

hono foti...?

I do not understand

mi faamaani

problem

satteende

Good evening!

jam hiiri

Good morning!

jam waali

Good night!

jam waal

bye bye

baay baay

direction

ngardiindi

luggage

kaake

bag

saak

backpack

saak bakke

guest

koɗo

room

suudu

sleeping bag

saak ɗaanorɗo

tent

taanta

tourist information

kabaaru jillotooɗo

beach

palaaz

credit card

kartal keredii

breakfast

kasitaari

lunch

bottaari

dinner

hiraande

ticket

tikkett

lift

suutde

stamp

tembere

border

keerol

customs

soodooɓe

embassy

ambasaat

visa

wiisa

passport

paaspoor

transport
yangarta

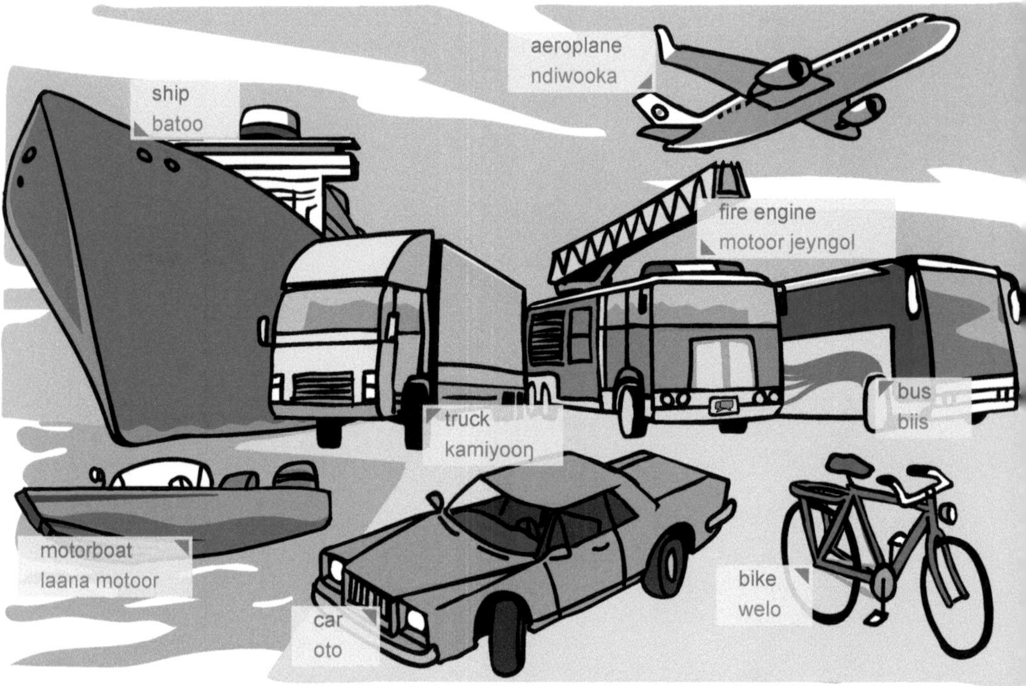
aeroplane
ndiwooka
ship
batoo
fire engine
motoor jeyngol
bus
biis
truck
kamiyooŋ
motorboat
laana motoor
bike
welo
car
oto

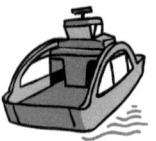

ferry
baak

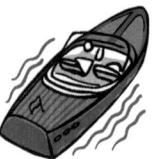

boat
laana

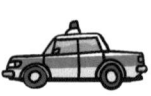

motorbike
welo motoor

police car
oto poliis

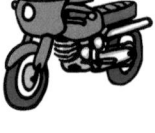

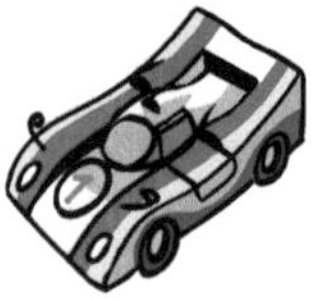

racing car
oto dandu

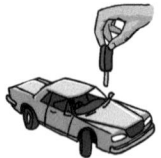

rental car
otoluwaaɗo

car sharing
rendude oto

breakdown truck
leŋge

refuse truck
kamiyooŋ salo

motor
moto

fuel
gaas

petrol station
esaaseer

traffic sign
maantorde tali

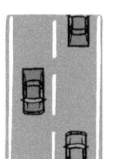

traffic
tali

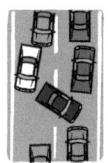

traffic jam
bittugol tali

car park
darnirde oto

train station
dartorde teree

tracks
laabi

train
teree

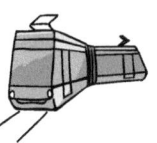

tram
taraam

carriage
nawgol

helicopter

elikooteer

airport

aydapoor

tower

hubeere

passenger

jahoowo

container

kontaneer

carton

kees

cart

saret

basket

siwo

take off / land

diw / tello

city

wuro

village

saare

city centre

hakkunde wuro

house

galle

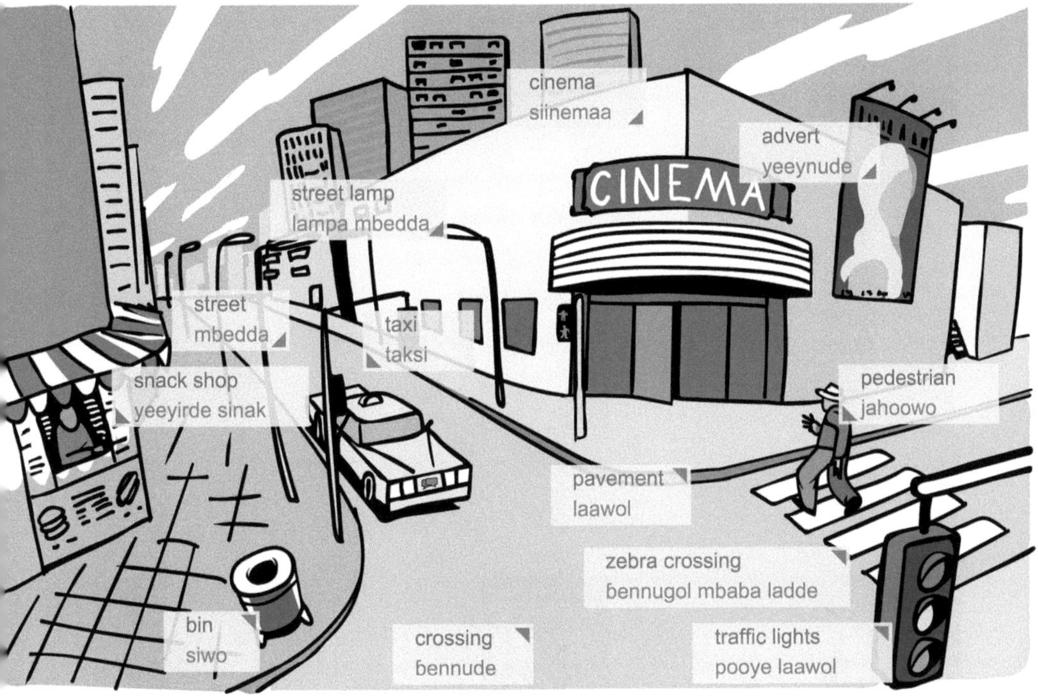

cinema
siinemaa

advert
yeeynude

street lamp
lampa mbedda

CINEMA

street
mbedda

taxi
taksi

pedestrian
jahoowo

snack shop
yeeyirde sinak

pavement
laawol

zebra crossing
ɓennugol mbaba ladde

bin
siwo

crossing
ɓennude

traffic lights
pooye laawol

hut
....
tiba

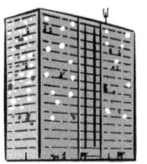

flat
....
hoɗorde

train station
....
dartorde teree

town hall
....
meeri

museum
....
miise

school
....
duɗal

university

jaaɓi haatirde

bank

baŋke

hospital

safrirdu

hotel

otel

pharmacy

farmasii

office

gollorde

book shop

yeeyirde defte

shop

yeeyirde

florist's

mo nehoowo leɗɗe

supermarket

duggere

market

jeere

department store

yeeyirde diiwaan

fishmonger's

mo gawoowo

shopping centre

nokku njeeygu

harbour

telloorde

park
parka

bench
jooɗorde

bridge
pooŋ

stairs
ŋabbirɗe

underground
les leydi

tunnel
laawol les

bus stop
dartorde biis

bar
baar

restaurant
restoraaŋ

postbox
suudu posto

street sign
maantorde mbedda

parking meter
meetorde parka

zoo
nehirde kulle

swimming pool
pisiin

mosque
jumaa

farm
ngesa

pollution
bonande

graveyard
genaale

church
ekiliis

playground
dingiral

temple
tempele

landscape
satto

signpost
maantogal

way
laawol

meadow
paraad

stone
haayre

hiker
diwoowo

tree
lekki

river
caangol

grass
hudo

flower
baramlefol

valley

fongo

hill

tiwaande

lake

weendu

forest

dundu

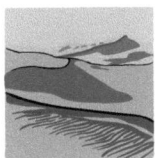

desert

ladde

volcano

wolkaaŋ

castle

hoɗorde

rainbow

timtimol

mushroom

wiiduru gaynaako

palm tree

lekki koko

mosquito

ɓongu

fly

diw

ant

ñuuñu

bee

ñaaku

spider

njabala

beetle

karaab

frog

paaɓa

squirrel

jiire

hedgehog

nguru paaɓa

hare

wojere

owl

hooweere

bird

ndiwri

swan

kankaleewal

boar

fowru

deer

lella

moose

kooba

dam

baaraas

wind turbine

seɗa hendu

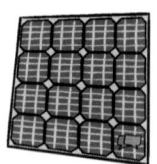

solar panel

mbeɗu naange

climate

kilimaaŋ

restaurant
restoraaŋ

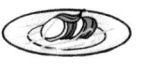

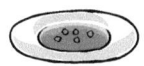

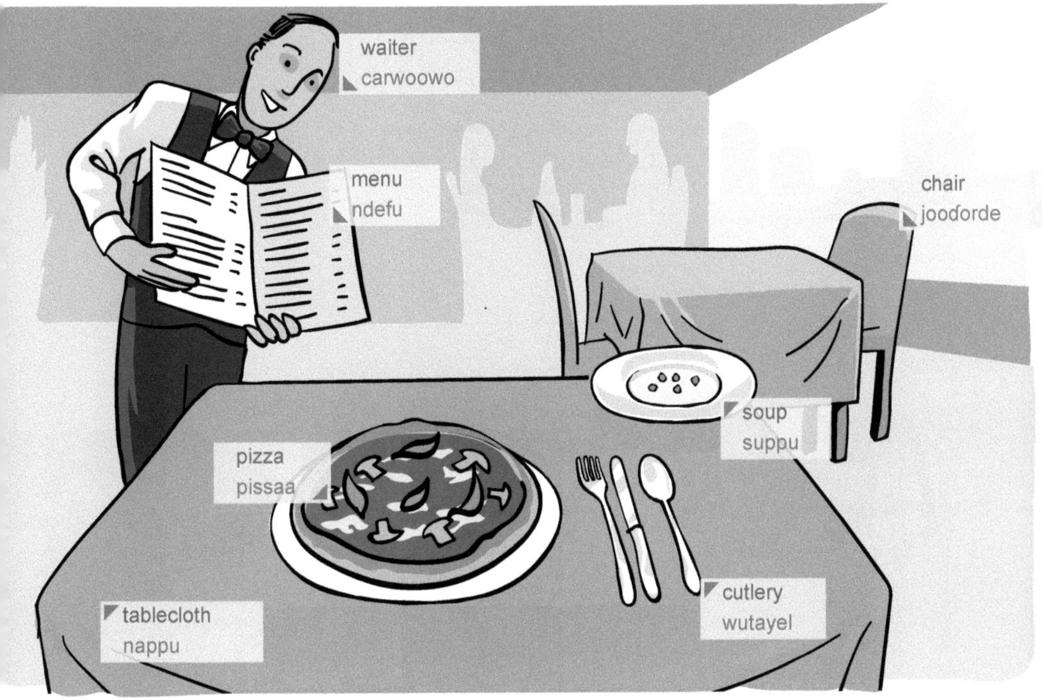

waiter
carwoowo
menu
ndefu
chair
jooɗorde
soup
suppu
pizza
pissaa
cutlery
wutayel
tablecloth
nappu

starter
....
puɗɗorɗo

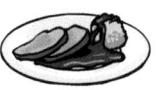

main course
....
barme mawɗo

dessert
....
deseer

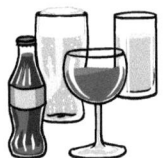

drinks
....
njarameeje

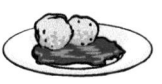

food
....
ñamri

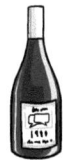

bottle
....
bitel

fast food

fastfuut

street food

ñaamde mbedda

teapot

pot ataaya

sugar bowl

taasa suukara

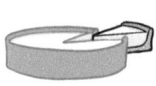

portion

geɗal

espresso machine

masiŋ esperesoo

high chair

jooɗorde toownde

bill

faktiir

tray

terey

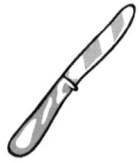

knife

paaka

fork

fursett

spoon

kuddu

teaspoon

kuddu ataaya

serviette

torsooŋ

glass

weer

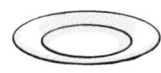

plate
palaat

soup plate
palaat suppu

saucer
coosoowo

sauce
soos

salt pot
pot lamɗam

pepper mill
poobaar

vinegar
wineegar

oil
diwliin

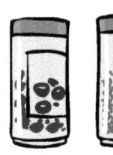

spices
kaaniije

ketchup
ketsoop

mustard
mutaarde

mayonnaise
maynees

supermarket
duggere

special offer
dokkal teentungal
FOR
customer
coodoowo
dairy
deftel
fruit
ɓingel leggal
trolley
saret

BUTCHERS

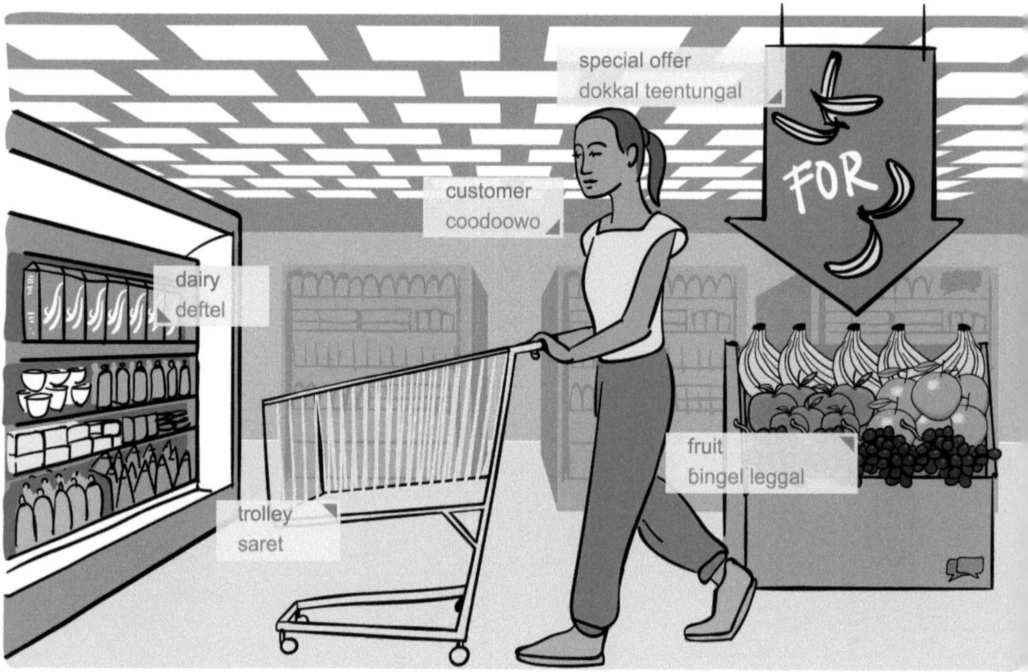

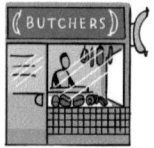

butcher´s

mo jeeyoowo teewu

BAKERY

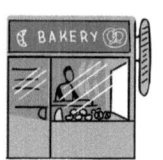

baker´s

mo piyoowo mburu

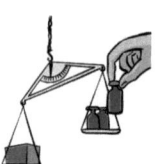

weigh

ɓett

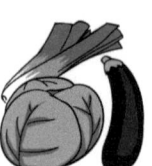

vegetables

ɓibe leɗɗe

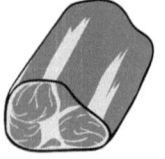

meat

teewu

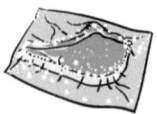

frozen food

ñamri fendiindi

cold meat

teewu ɓuuɓngu

tinned food

ñamri

washing powder

omo

sweets

tangaleeji

household products

geɗe galle

cleaning products

geɗe laɓɓinooje

salesperson

jeeyoowo

till

hippoode

cashier

ngaluyanke

shopping list

limo soodetee

opening hours

waktuuji gudditeeɗi

wallet

kalbe

credit card

kartal keredii

bag

saak

plastic bag

saak dalli

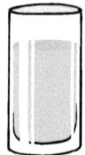

water

ndiyam

juice

sii

milk

kosam

coke

Koowk

wine

sangara

beer

sangara

alcohol

alkol

cocoa

koka

tea

ataaya

coffee

kafe

espresso

esperesoo

cappuccino

kaputsiino

banana

banaana

apple

pomere

orange

oraaŋs

melon

dende

lemon

limoŋ

carrot

karott

garlic

laac

bamboo

bambuu

onion

soblere

mushroom

wiiduru gaynako

nuts

gerte

noodles

kodde

spaghetti

espaketii

rice

maaro

salad

solaat

chips

sipse

fried potatoes

padaas pasnaaɗo

pizza

pissaa

hamburger

amburgoor

sandwich

sandiis

cutlet

tayre

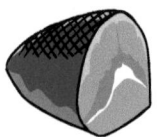

ham

heltinde

salami

salaami

sausage

soosiis

chicken

gertogal

roast

juɗe

fish

liingu

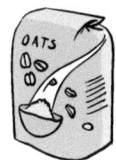

porridge oats

karaw

muesli

miyesli

cornflakes

butaali makka

flour

cafka

croissant

koraasaŋ

bread roll

loocol mburu

bread

mburu

toast

mburu

biscuits

mbiskit

butter

boor

curd

caakri

cake

ngato

egg

boofoode

fried egg

bofoode defaaɗo

cheese

formaas

ice cream

kerem galaas

sugar

suukara

honey

njuumri

jam

piire

chocolate spread

soosde sokola

curry

kiri

farm

ngesa

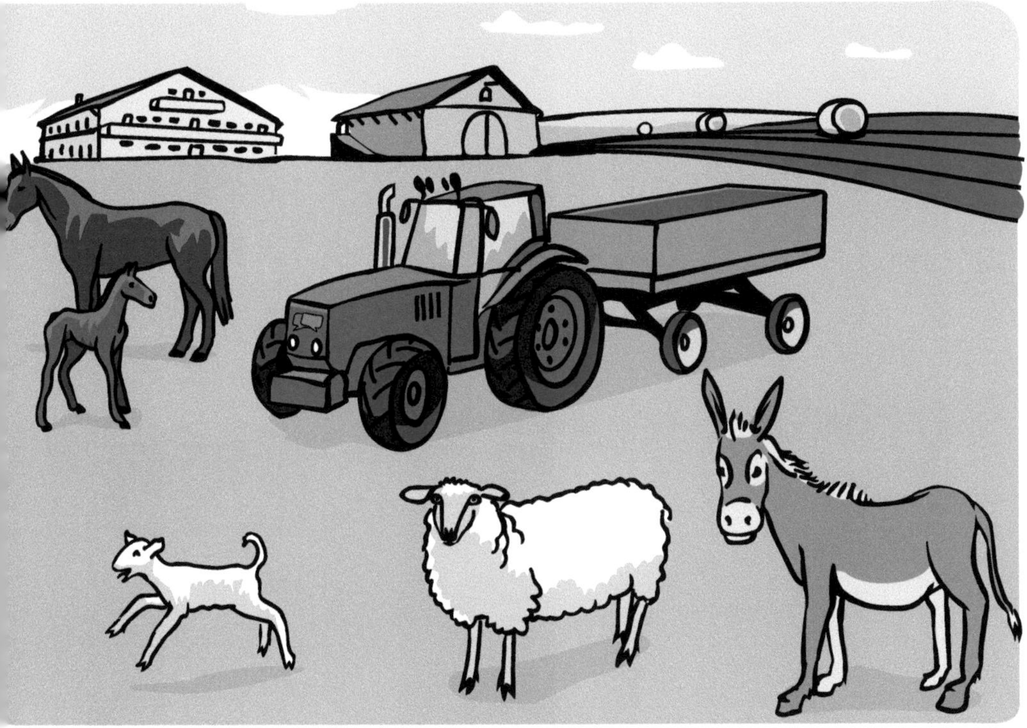

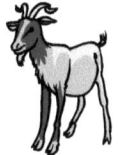

goat

ndamndi

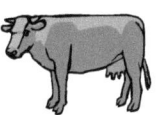

cow

ngaari

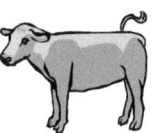

calf

ñale

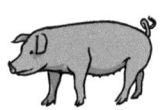

pig

mbaba tugal

piglet

ɓingel tugal

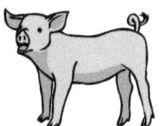

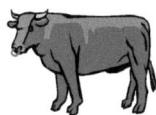

bull

ngaari

goose
jaawalal

duck
jaawangal

chick
gertogal

hen
jarlal

cock
ngori

rat
doombru

cat
ulluundu

mouse
dombru

ox
ngaari

dog
rawaandu

doghouse
suudu rawaandu

garden hose
lekki werte

watering can
bitel ndiyam

scythe
jalo

plough
jabbude

sickle

wafdu

hoe

caga

pitchfork

furset yettirɗo

axe

jambere

wheelbarrow

burwett

trough

jardugal

milk can

bitel kosam

sack

bonnude

fence

heerorde

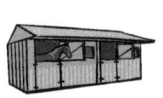

stable

dari

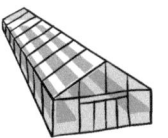

greenhouse

resofmaaŋ

soil

leydi

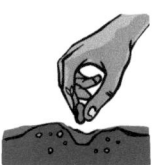

seed

aawdi

fertilizer

engere

combine harvester

rendin coñoowo

harvest
soñ

harvest
coñal

yams
ñambi

wheat
ndiyamiri

soy
soozaa

potato
padaas

corn
makka

rapeseed
aawdi adan

fruit tree
lekki ɓesnooki

cassava
kasaawa

cereals
gawri

living room

saal

bathroom

lootorde

kitchen

waañ

bedroom

suudu lelteendu

child's room

suudu suka

dining room

suudu hirtordu

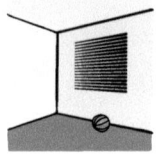

floor

leydi

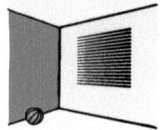

wall

miir

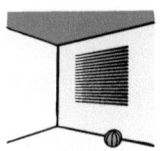

ceiling

dira

cellar

masiŋel

sauna

soona

balcony

balkooŋ

terrace

teeraas

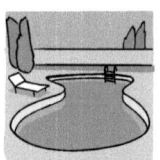

pool

pisin

lawn mower

tondoos

sheet

kaayit

bedspread

mbertanteeri

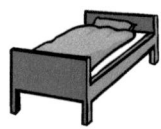

bed

lelnde

broom

pittirɗe

bucket

siwoo

switch

waylu

living room
saal

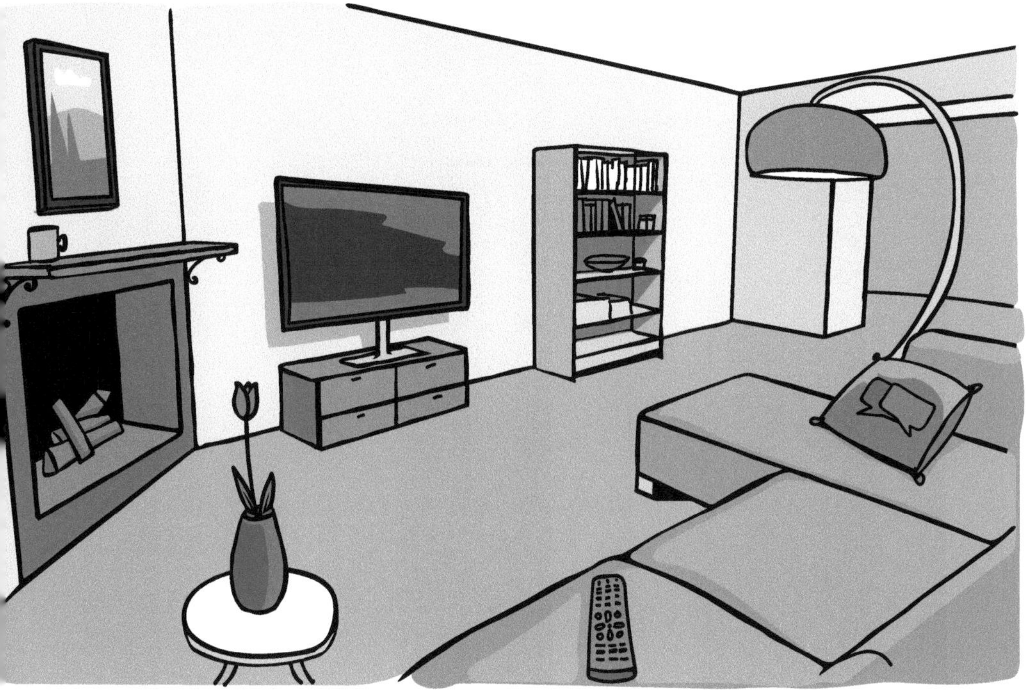

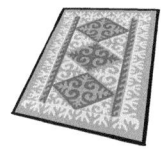

carpet

tappi

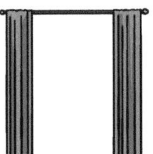

curtain

rido

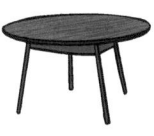

table

taabal

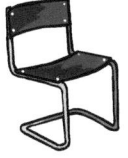

chair

jooɗorde

rocking chair

jooɗorde timmunde

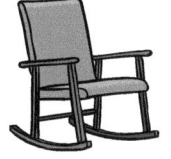

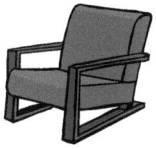

armchair

tuggorde

book
....
deftere

blanket
....
suddaare

decoration
....
cinki

firewood
....
docotal

film
....
filmo

hi-fi equipment
....
kuutorɗe hi-fi

key
....
caabi

newspaper
....
jaaynde

painting
....
pentiirde

poster
....
posteer

radio
....
haalirde

notepad
....
deftel mooftirgel

hoover
....
ŋabbude

cactus
....
siwo lekki

candle
....
sondel

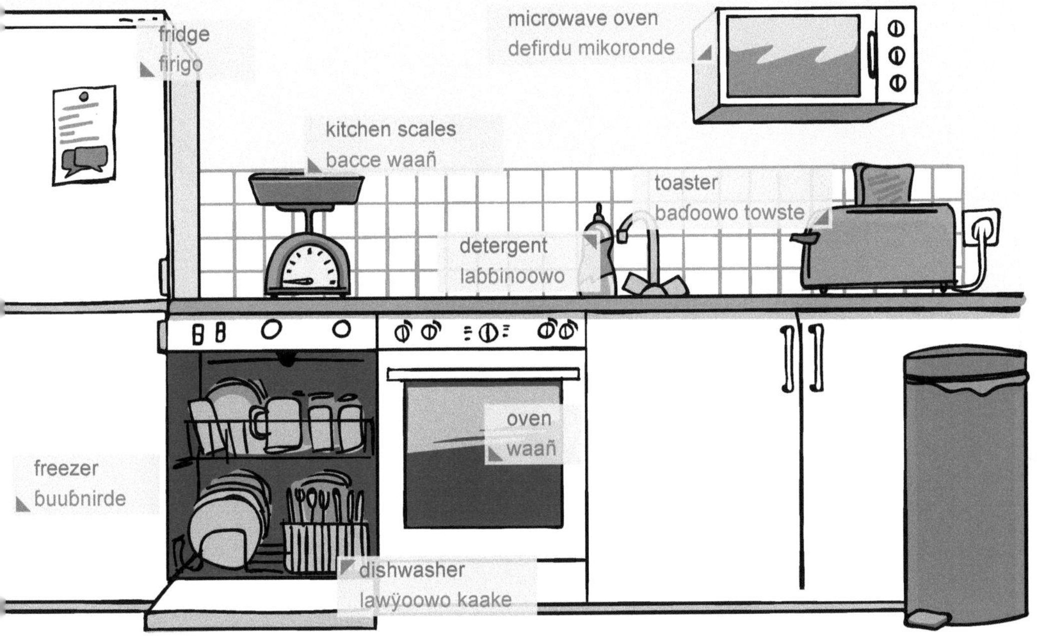

fridge
firigo

microwave oven
defirdu mikoronde

kitchen scales
bacce waañ

toaster
baɗoowo towste

detergent
labbinoowo

oven
waañ

freezer
buuɓnirde

dishwasher
lawŷoowo kaake

cooker	pot	cast-iron pot
defoowo	pot	pot baɗɗo njamdi

wok / kadai	pan	kettle
lehel	lahal	baraade

steamer

gulnoowo

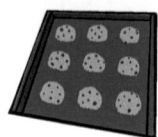

baking tray

fuur cumirɗo

crockery

wiisirde

mug

kaas

bowl

taasa

chopsticks

bakett

ladle

heɗirde

spatula

kuundal

whisk

burgal

strainer

gulnirɗo

sieve

pool

grater

koosoowo

mortar

wowru

barbecue

njuɗu

open fire

lewlewndu

chopping board

alluwal tayirgal

rolling pin

dullirgal

corkscrew

tenaay

can

potyel

can opener

udditirɗo potyel

pot holder

jaggoowo pot

sink

lawÿirde

brush

borisde

sponge

epoos

blender

jiiɓoowo

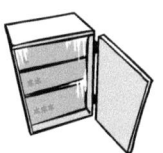

deep freezer

firigo juutɗo

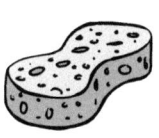

baby bottle

bitel tiggu

tap

robine

bathroom

lootorde

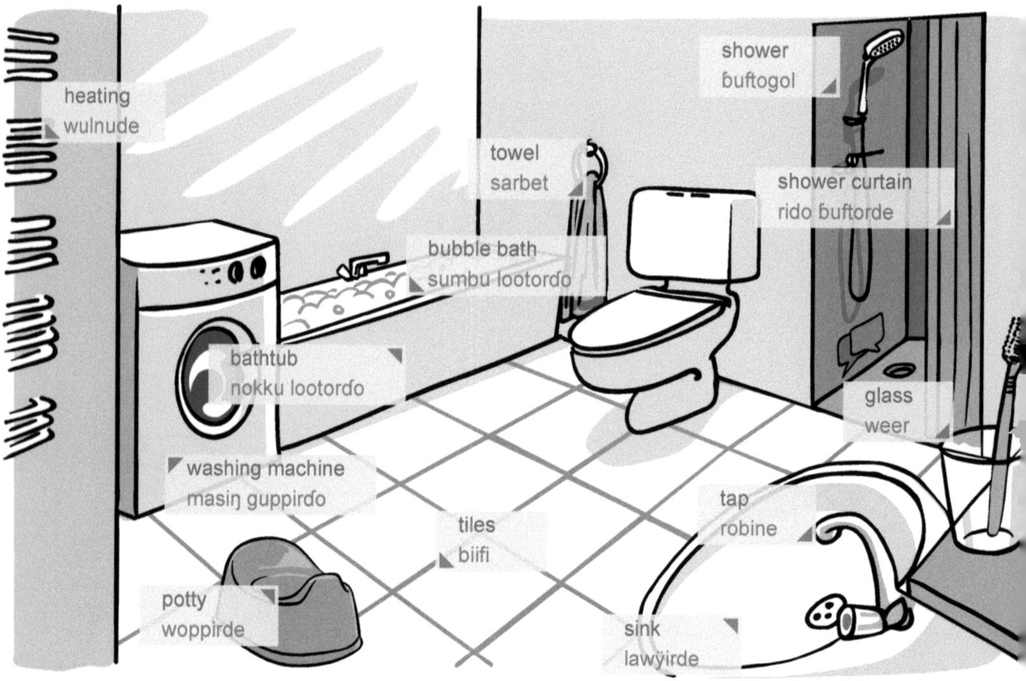

heating
wulnude
towel
sarbet
shower
buftogol
shower curtain
rido ɓuftorde
bubble bath
sumbu lootorɗo
bathtub
nokku lootorɗo
glass
weer
washing machine
masiŋ guppirɗo
tiles
biifi
tap
robine
potty
woppirde
sink
lawÿirde

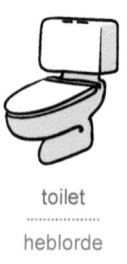

toilet

heblorde

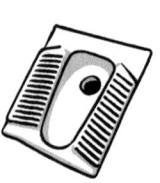

squat toilet

yaltirde les

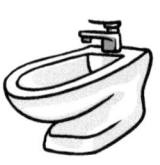

bidet

yaltirde

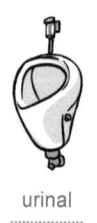

urinal

soofirde

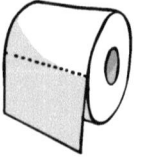

toilet paper

kaayit heblorde

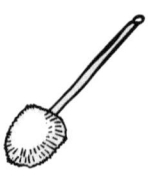

toilet brush

boros heblorde

toothbrush

boros ñiiÿe

toothpaste

pat cocorɗo

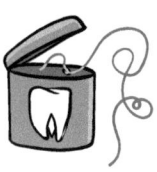

dental floss

cocorgal

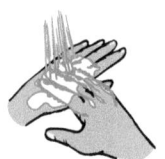

wash

lawyu

handheld shower

buftorde jungo

douche

jampe

basin

taasa

back brush

boros keeci

soap

saabunde

shower gel

nebam ɓuftorde

shampoo

sampoye

flannel

lootogel

drain

yupude

cream

mileen

deodorant

lati

bathroom - lootorde

mirror

daarogal

hand mirror

daarogal jungo

razor

rasuwaar

shaving foam

sumbu pemborɗo

aftershave

lallitirde

comb

koomu

brush

boros

hair dryer

yoorno hoore

hairspray

uurna hoore

makeup

makiyaas

lipstick

lippo

nail varnish

emaaye segene

cotton wool

wiro

nail scissors

sisooje segene

perfume

parfooŋ

washbag

saawdu lawyirdu

stool

kuudi

weighing scale

bacce ɓetirde

bathrobe

wutte lootorɗo

rubber gloves

kawaseeje dalli

tampon

tampooŋ

sanitary towel

sarbet laɓɓinoorɗo

chemical toilet

lootogol cellungol

child's room

suudu suka

alarm clock
mantoor pindinoowo
cuddly toy
pijirgel ɗaatngel
toy car
oto fijirde
rattle
rekeet
doll's house
suudu puppe
present
tawa

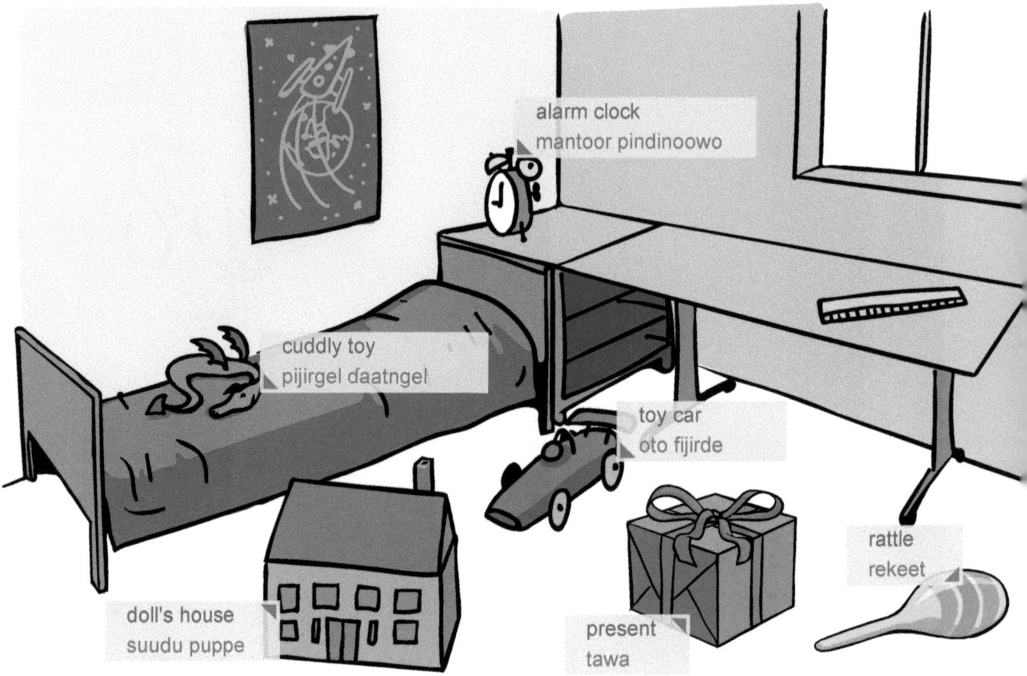

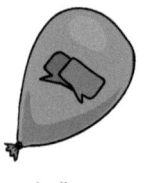

balloon

balooŋ

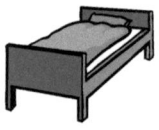

bed

lelnde

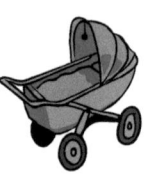

pram

puus puus

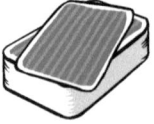

deck of cards

taabal karte

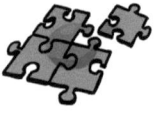

jigsaw

juwirgal

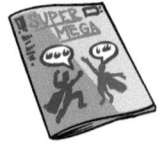

comic

jalnii

lego bricks

tuufeeje lego

building blocks

kaaÿe maadi

action figure

pijirgel suka

babygrow

wutte suka

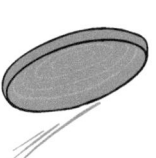

frisbee

mbiifu

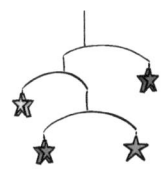

mobile

noddirgel

board game

fijirde alluwal

dice

dee

model train set

tereŋ jahiroowo batiri

dummy

ɗaayɗo

party

hiirde

picture book

deftere natte

ball

bal

doll

puppe

play

fij

sandpit

ngaska leydi

swing

yirlude

toys

pijirɗe

video game console

fijirde widoo peley

tricycle

biifi tati

teddy bear

uluundu pijirgel

wardrobe

woliis

clothing

ɓoornogol

socks

kawaseeje

stockings

baardinirɗi

tights

dogirɗi

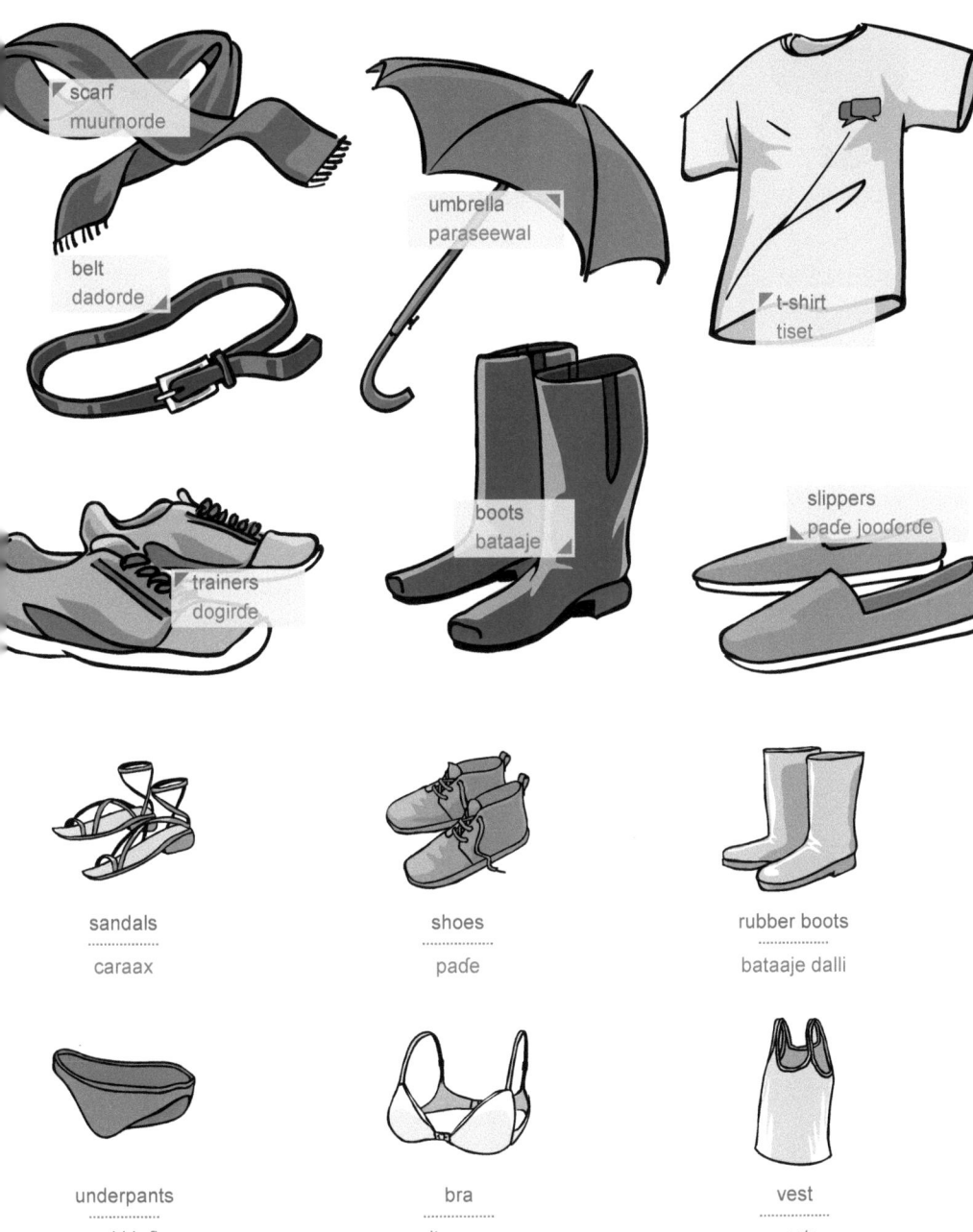

scarf
muurnorde

umbrella
paraseewal

t-shirt
tiset

belt
dadorde

boots
bataaje

slippers
pade joodorde

trainers
dogirde

sandals
caraax

shoes
pade

rubber boots
bataaje dalli

underpants
cakkirdi

bra
site ŋoos

vest
weste

clothing - boornogol

body

ɓandu

trousers

tuuba

jeans

jiin

skirt

sippu

blouse

buluus

shirt

wuttel

pullover

piliweer

hoodie

njallaaba

blazer

balaseer suka

jacket

jakett

coat

sabandoor

raincoat

wutte toɓo

costume

kossim

dress

robbo

wedding dress

wutte cuddungu

suit

cakkirɗo

nightgown

robbo baaldudo

pyjamas

baaludi

sari

sari

headscarf

fiilorde

turban

kaala

burqa

misoor

kaftan

haftan

abaya

abaaye

swimsuit

lumborɗo

trunks

leɗɗe

shorts

kilooti

tracksuit

dewirɗi

apron

aparooŋ

gloves

kawase

button
nebbu

glasses
lone

bracelet
jawo

necklace
cakka

ring
feggere

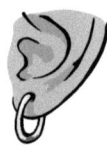

earring
hootonde

cap
laafa

coat hanger
jaggirgal sabandoor

hat
kufna

tie
karwaat

zip
korsude

helmet
tengaade

braces
jawe

school uniform
wutte jaɲirɗo

uniform
dadorɗo

clothing - ɓoornogol

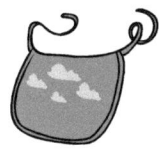

bib

nappu suka

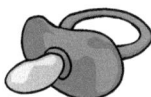

dummy

ɗaayɗo

nappy

fooftini

office
gollorde

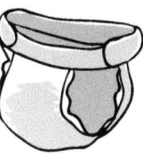

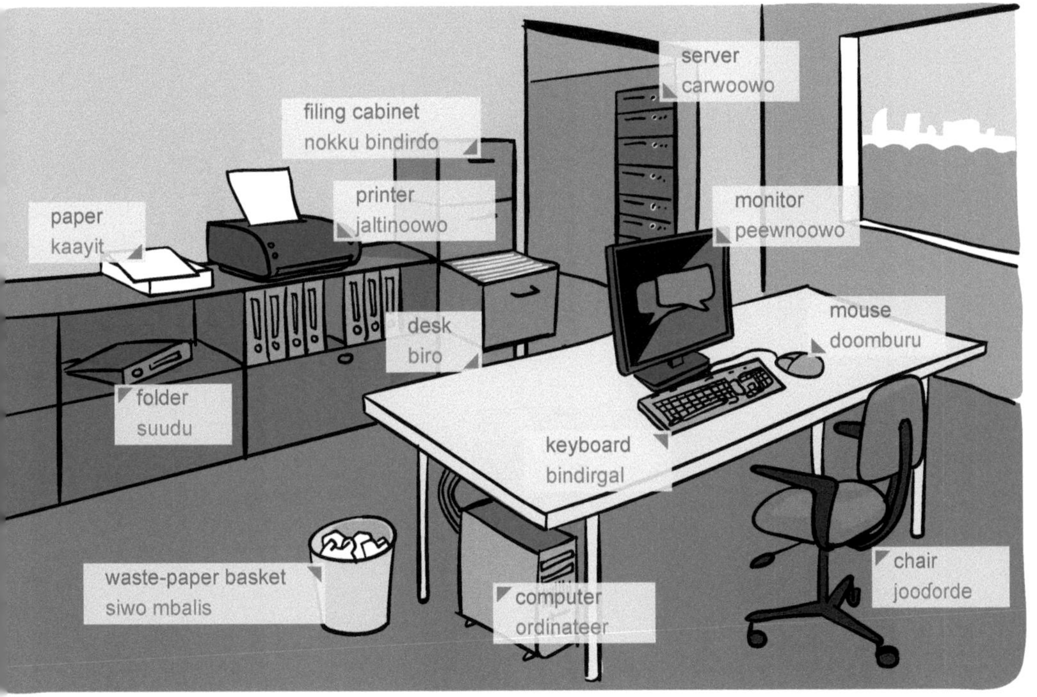

server
carwoowo
filing cabinet
nokku bindirɗo
printer
jaltinoowo
paper
kaayit
monitor
peewnoowo
mouse
doomburu
desk
biro
folder
suudu
keyboard
bindirgal
waste-paper basket
siwo mbalis
computer
ordinateer
chair
jooɗorde

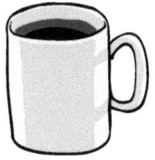

coffee mug

koppu kafe

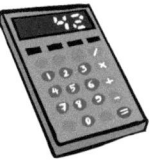

calculator

tongirde

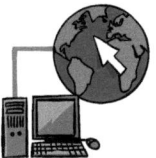

internet

enternet

laptop

ordinateer

letter

ɓataake kaayit

message

ɓataake

mobile

noddirgel

network

jokkondiral

photocopier

nandinoowo

software

kuutorgel

telephone

noddirgel

plug socket

piriis

fax machine

masiŋ faksii

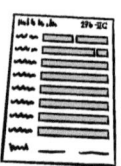

form

sifaa

document

kaayit

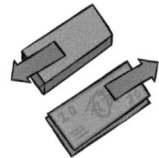

buy
sood

pay
yob

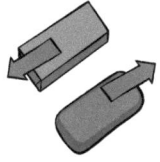

trade
yeey

money
kaalis

dollar
dolaar

euro
oro

yen
yeen

rouble
ruubal

Swiss franc
siiwis farayse

renminbi yuan
yuwaan renminbi

rupee
ruppii

cashpoint
nokku ngalu

bureau de change	gold	silver
nokku beccirɗo	kaŋe	kaalis

oil	energy	price
peteroŋ	doole	coggu
		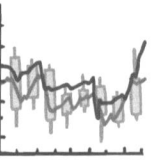
contract	tax	stock
jokkondiral	lempo	jeyii

work	employee	employer
liggo	liggotooɗo	ligginoowo

factory	shop	
isin	yeeyirde	

occupations
golle

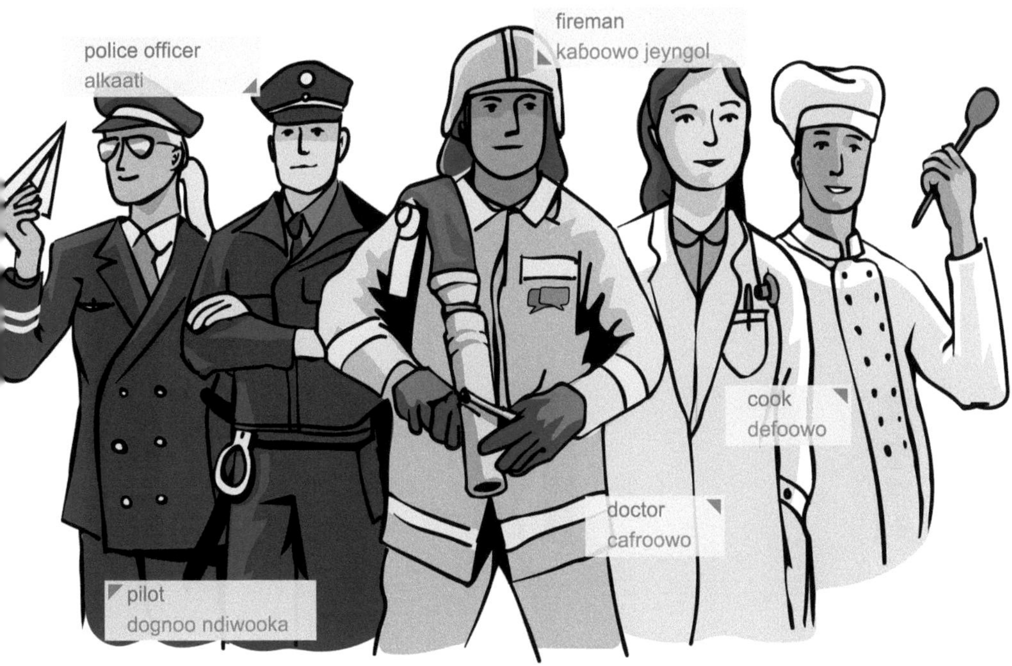
police officer
alkaati
fireman
kaɓoowo jeyngol
cook
defoowo
doctor
cafroowo
pilot
dognoo ndiwooka

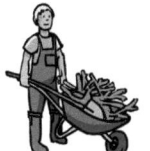

gardener

mooftoowo

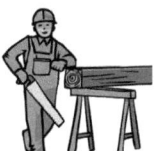

carpenter

meniise

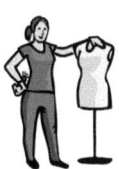

seamstress

gawoowo debbo

judge

ñaawoowo

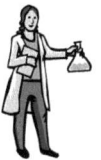

chemist

simiyanke

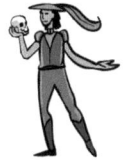

actor

aktoor

bus driver

diirnoowo biis

taxi driver

diirnoowo taksi

fisherman

gawoowo

cleaning lady

debbo pittoowo

roofer

biloowo

waiter

carwoowo

hunter

baañoowo

painter

diidoowo

baker

piyoo mburu

electrician

peewnoo jeyngol

builder

mahoowo

engineer

eseñoor

butcher

buusee

plumber

polombiyee

postman

neɗɗo posto

soldier

soldaat

architect

arsitekte

cashier

ngaluyanke

florist

ledɗeyanke

hairdresser

mooroowo

conductor

diirnoowo

mechanic

peenoowo jamɗe

captain

gardiiɗo

dentist

safroowo ñiiỹe

scientist

gando

rabbi

babbiin

imam

almaami

monk

muwaan

clergyman

neɗɗo alla

tools
kuutorɗe

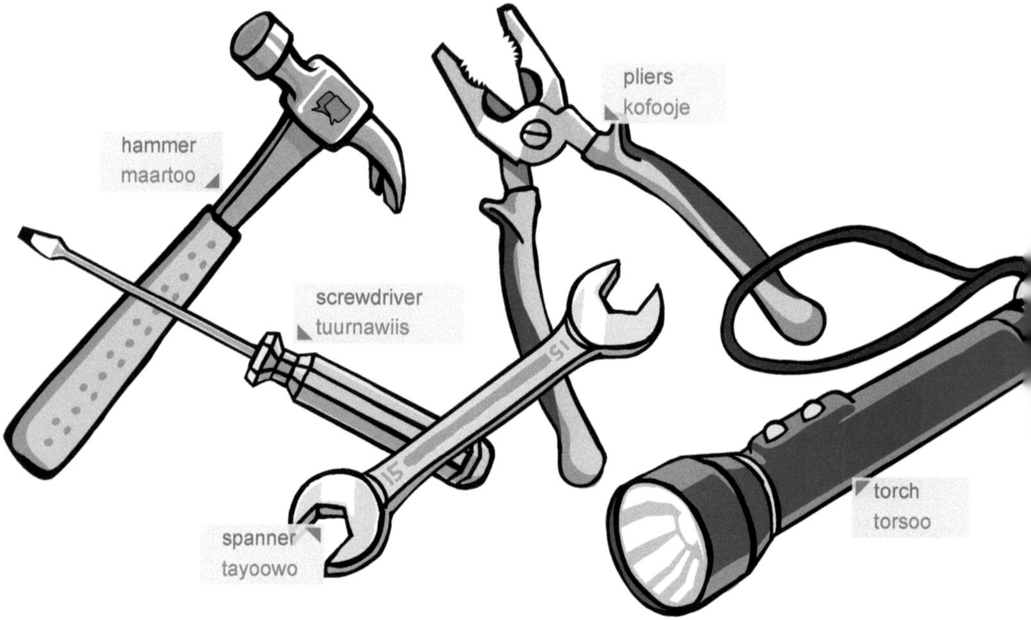
hammer
maartoo
pliers
kofooje
screwdriver
tuurnawiis
spanner
tayoowo
torch
torsoo

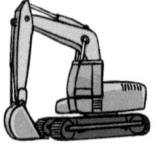

digger

ngasirdi

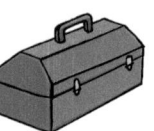

toolbox

suudu kuutorɗe

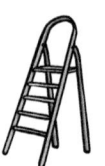

ladder

seel

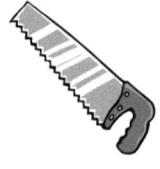

saw

siiy

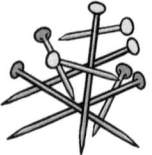

nails

pontooje

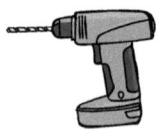

drill

yuwirde

repair

feewnit

shovel

nokkirde

Damn!

sooot

dustpan

peel

paint pot

pot diidirɗo

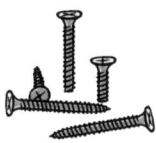

screws

wiisuuji

musical instruments
pijirɗe

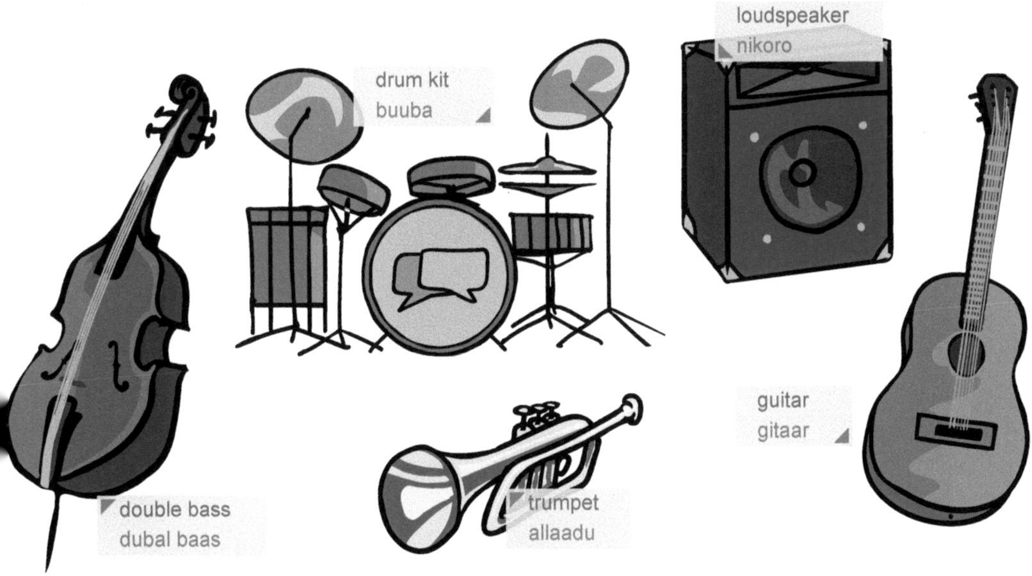

drum kit
buuba

loudspeaker
nikoro

guitar
gitaar

double bass
dubal baas

trumpet
allaadu

piano
piyaano

violin
ñaañooru

bass
baas

timpani
timpaan

drums
bawɗi

keyboard
bindirgal

saxophone
saksofooŋ

flute
coolumbel

microphone
haaldude

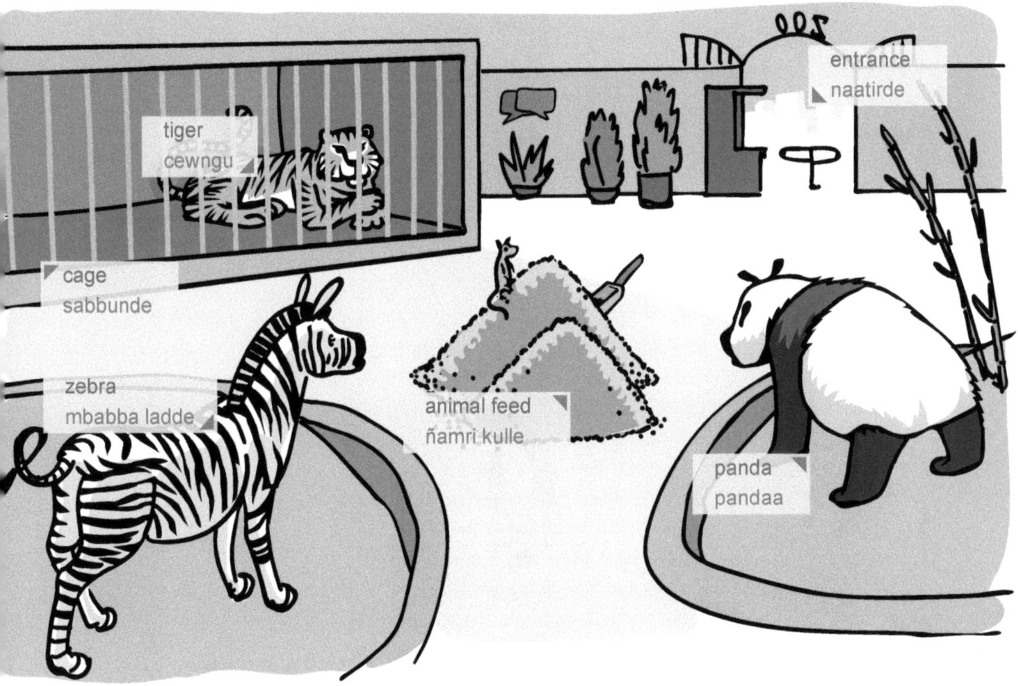

entrance
naatirde

tiger
cewngu

cage
sabbunde

zebra
mbabba ladde

animal feed
ñamri kulle

panda
pandaa

animals

kulle

elephant

ñiiwa

kangaroo

kanguruu

rhino

liwoongu

gorilla

waandu

bear

fowru

camel

ngelooba

ostrich

jaawagal

lion

mbaroodi

monkey

golo

flamingo

ñaarpural

parrot

seku

polar bear

fowru nees

penguin

peŋwee

shark

reke

peacock

ngoriyal

snake

mboddi

crocodile

nooro

zookeeper

deenoowo kulle

seal

liingu

jaguar

cewngu

pony
molel puccu

leopard
cewlu

hippo
ngabu

giraffe
ñamala

eagle
ciilal

boar
fowru

fish
liingu

turtle
heende

walrus
morsee

fox
daga

gazelle
lella

American football
fugu koyngel Amarik

cycling
welo

tennis
teniis

basketball
basket

swimming
lumbaade

boxing
bokse

ice hockey
okey e galaas

football
fugu koyngel

badminton
badminton

athletics
dogduuji

handball
fugu jungo

skiing
eskiiy

polo
polo

activities
golle

jump
diw
laugh
jal
hug
uurno
sing
yim
walk
yah
dream
hoyɗu
pray
juul
kiss
ɓuuco

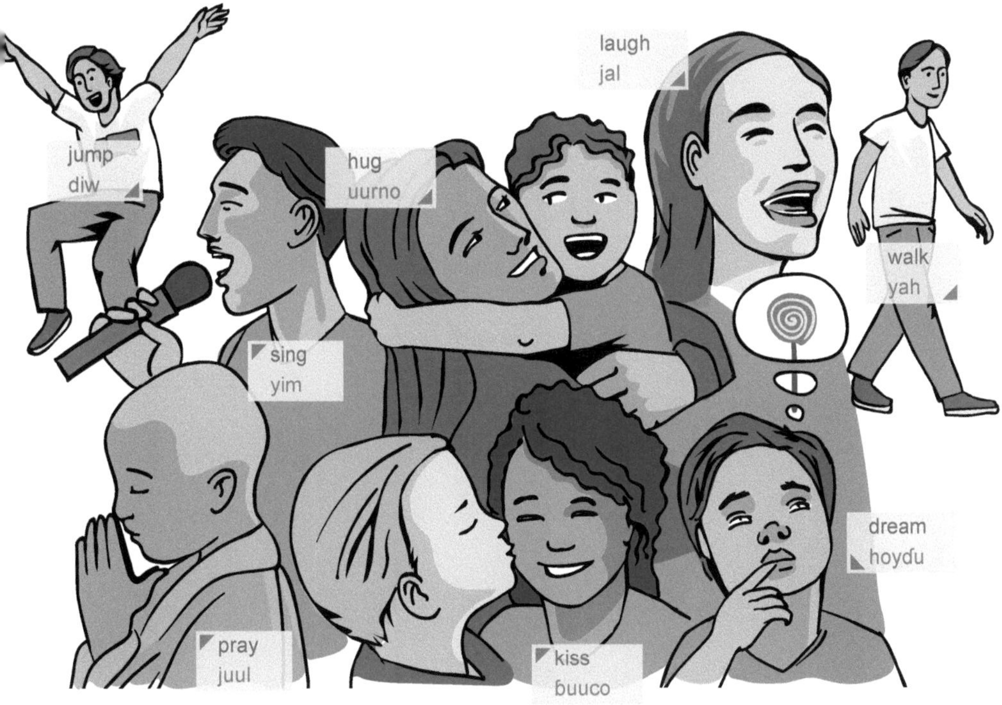

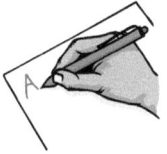

write
windu

draw
diid

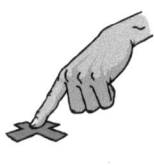

show
hollu

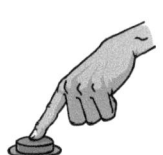

push
duñ

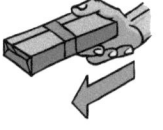

give
rokku

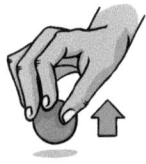

take
naw

have

jogo

do

waḓ

be

won

stand

daro

run

dog

pull

ittu

throw

weddo

fall

yan

lie

fen

wait

fad

carry

naw

sit

jooḓo

get dressed

ɓoorno

sleep

ḓaano

wake up

finn

look at

ndaar

cry

woy

stroke

fiiy

comb

koomu

talk

haal

understand

faam

ask

naamdo

listen

hetto

drink

yar

eat

ñaam

tidy up

habbu

love

yid

cook

def

drive

diirnu

fly

diw

activities - golle

sail

awyu

calculate

lim

read

jangu

learn

jangu

work

liggo

marry

res

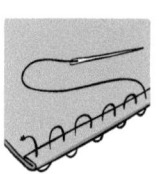

sew

aaw

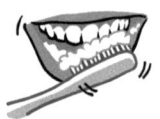

brush teeth

boris ñiiÿe

kill

war

smoke

simmo

send

neldu

family
ɓesngu

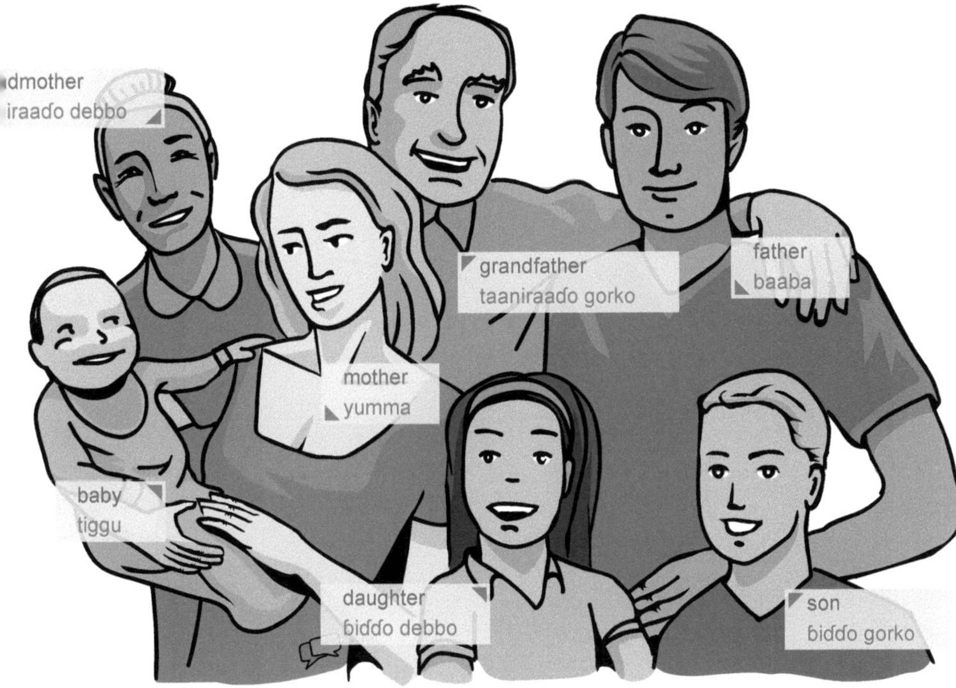
dmother
iraaɗo debbo
grandfather
taaniraaɗo gorko
father
baaba
mother
yumma
baby
tiggu
daughter
ɓiɗɗo debbo
son
ɓiɗɗo gorko

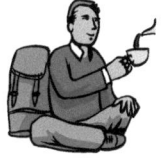

guest

koɗo

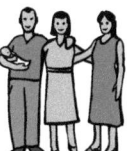

aunt

gogo

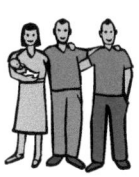

uncle

kaawiraaɗo

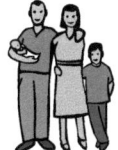

brother

mawniraaɗo gorko

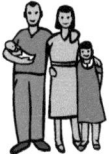

sister

mawniraaɗo debbo

ɓandu

forehead
tiinde

eye
yitere

shoulder
walabo

finger
fedeendu

face
yeeso

chin
waare

hand
jungo

breast
endu

leg
korlal

arm
jungo

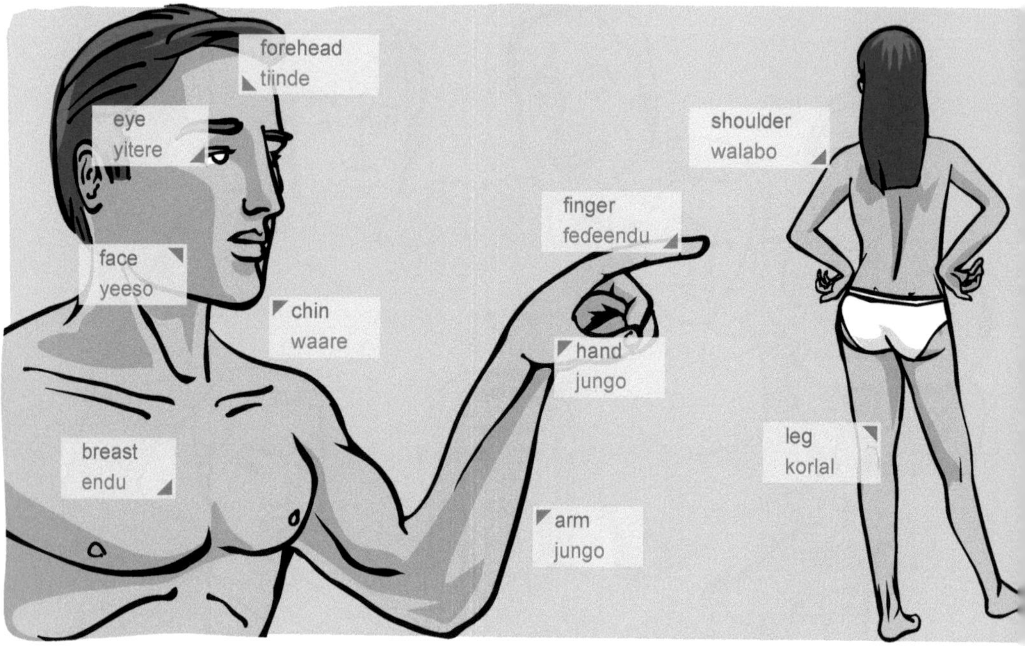

baby

tiggu

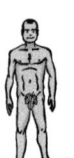

man

gorko

woman

debbo

girl

debbo

boy

gorko

head

hoore

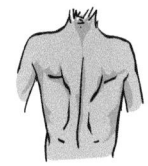

back
keeci

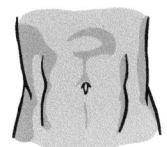

belly
reedu

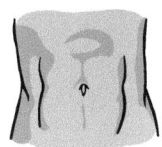

belly button
wudduru

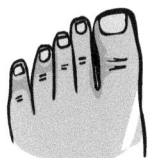

toe
feɗeendu

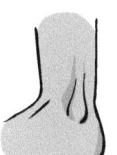

heel
njaaɓordi

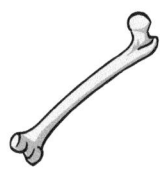

bone
ÿiyal

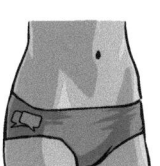

hip
buhal

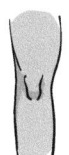

knee
hofru

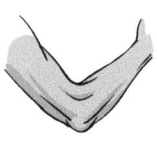

elbow
fooŋturu

nose
hinere

bottom
gaɗa

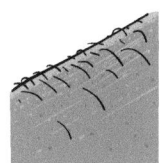

skin
nguru

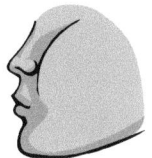

cheek
aɓɓuko

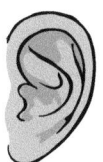

ear
nofru

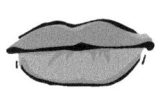

lip
tondu

mouth

hunuko

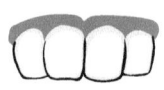

tooth

ñiire

tongue

ɗemngal

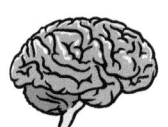

brain

ngaandi

heart

ɓernde

muscle

ÿiye

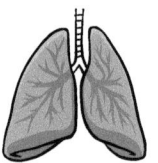

lung

jofe

liver

heeñere

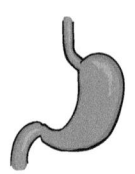

stomach

kuuse

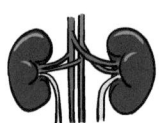

kidneys

booÿe

sex

leldaade

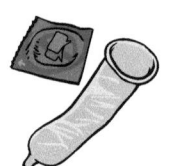

condom

kawasal

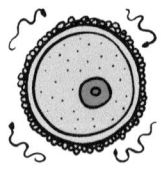

ovum

ɓoccoonde

semen

maniiyu

pregnancy

cowagol

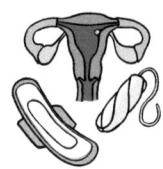

menstruation

ella

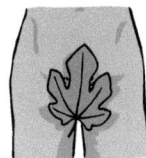

vagina

kottu

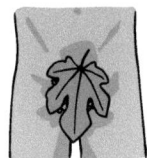

penis

soolde

eyebrow

leebol yitere

hair

sukundu

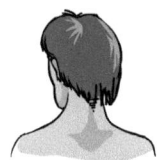

neck

daande

hospital

safrirdu

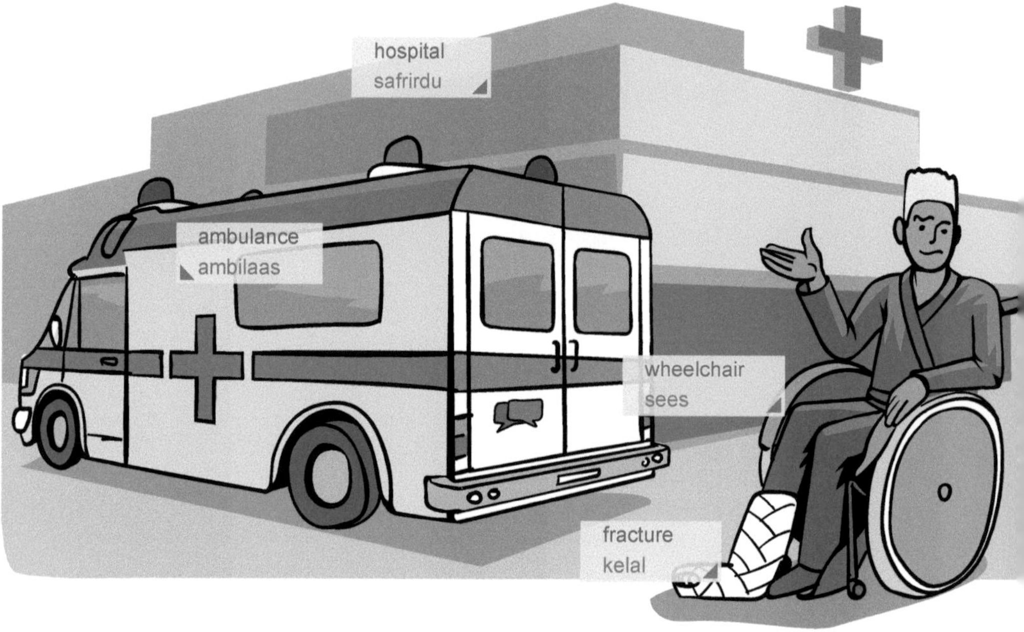

hospital
safrirdu
ambulance
ambilaas
wheelchair
sees
fracture
kelal

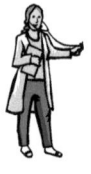

doctor
cafroowo

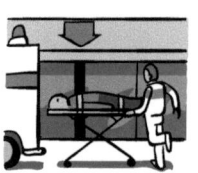

emergency room
suudu heñaare

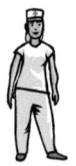

nurse
debbo cafroowo

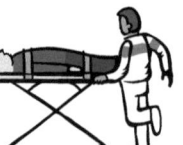

emergency
heñorde

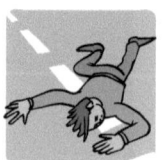

unconscious
wondaane hakkile

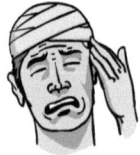

pain
muuseeki

injury

gaañande

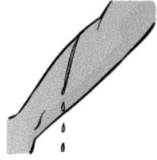

bleeding

tuɗde ÿiiÿam

heart attack

muuseeki ɓernde

stroke

piigol

allergy

nefo

cough

ɗojjude

fever

ɓandu wulooru

flu

pali

diarrhoea

ndogu reedu

headache

hoore muusoore

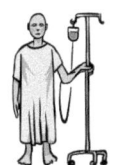

cancer

kaaseer

diabetes

jabett

surgeon

oppiroowo

scalpel

jaggirdi

operation

oppeere

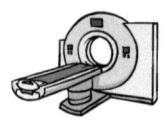

CT

CT

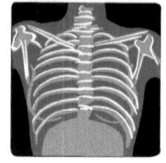

x-ray

buuɗi x

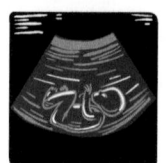

ultrasound

iltarasooŋ

face mask

huurirdu yeeso

disease

rafi

waiting room

heblorde

crutch

beeke

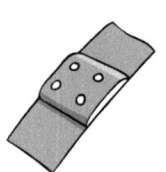

plaster

tabak

bandage

bandaas

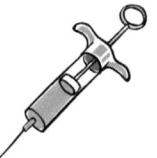

injection

pinggu

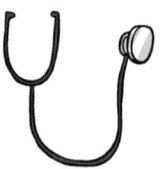

stethoscope

estetoskop

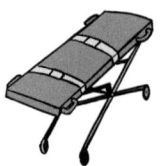

stretcher

pooɗoowo

clinical thermometer

termomeeter safrirdu

birth

jibinande

overweight

buttidgol

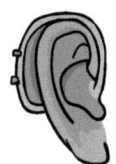

hearing aid

ballal nanirɗe

disinfectant

laɓɓinoowo

infection

raaɓo

virus

wiriis

HIV / AIDS

SIDAA

medicine

lekki

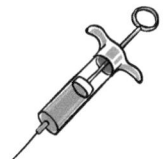

vaccination

ñakko

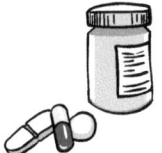

tablets

poɗɗe

pill

foɗɗere

emergency call

noddaango heñiingo

blood pressure monitor

ÿeewtorde yaadu ÿiiyam

ill / healthy

faawŋi / selli

alarm

pindinoowo

assault

njangu

Help!

Ballal

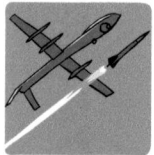

attack

raaŋande

danger

boomre

emergency exit

yaltirde yaawnde

Fire!

Jeyngol

fire extinguisher

ñifoowo jeyngol

accident

aksida

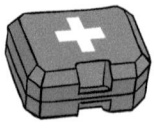

first-aid kit

saawdu safaara gadano

SOS

SOS

police

poliis

Europe

Orop

North America

Amarik Rewo

South America

Amarik Worgo

Africa

Afirik

Asia

Aasi

Australia

Ostaraali

Atlantic

Atalantik

Pacific

Pasifik

Indian Ocean

Maayo Endo

Antarctic Ocean

Maayo Antarkatik

Arctic Ocean

Maayo Arkatik

North Pole

Baŋe Rewo

South Pole

Baŋe Worgo

Antarctica

Antarkatik

Earth

Leydi

land

leydi

sea

maayo

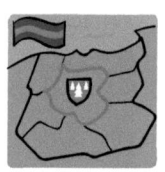

island

siire

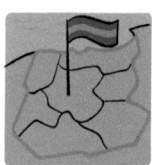

nation

wuro

state

laamu

clock face

yeeso waktu

hour hand

jungo waktu

minute hand

jungo hojoma

second hand

jungo majaango

What time is it?

hol waktu?

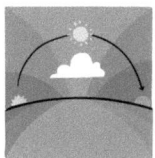

day

ñalawma

time

saha

now

jooni

digital watch

mantoor nattoowo

minute

hojoma

hour

waktu

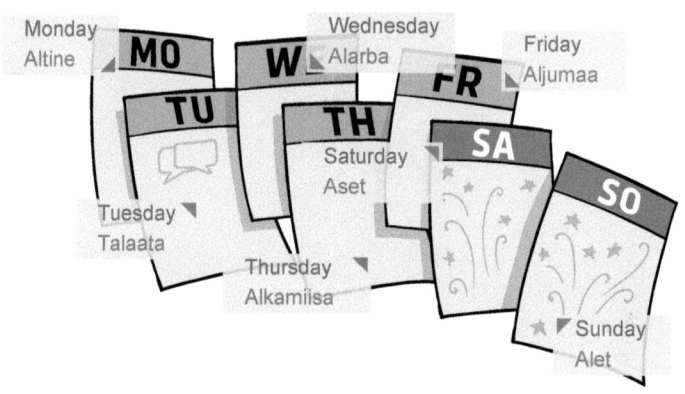

Monday — Altine
Wednesday — Alarba
Friday — Aljumaa
Tuesday — Talaata
Saturday — Aset
Thursday — Alkamiisa
Sunday — Alet

yesterday

hanki

today

hande

tomorrow

jango

morning

subaka

noon

ñalawma

evening

kikiiɗe

business days

biir

weekend

ñalɗi

year
hitaande

rain
tobo
spring
demminaare
summer
ceedu
wind
hendu
autumn
ndunngu
snow
nees
winter
dabbunde

4.APRIL 11°
5.APRIL 4°
6.APRIL 13°
7.APRIL 8°
8.APRIL 10°

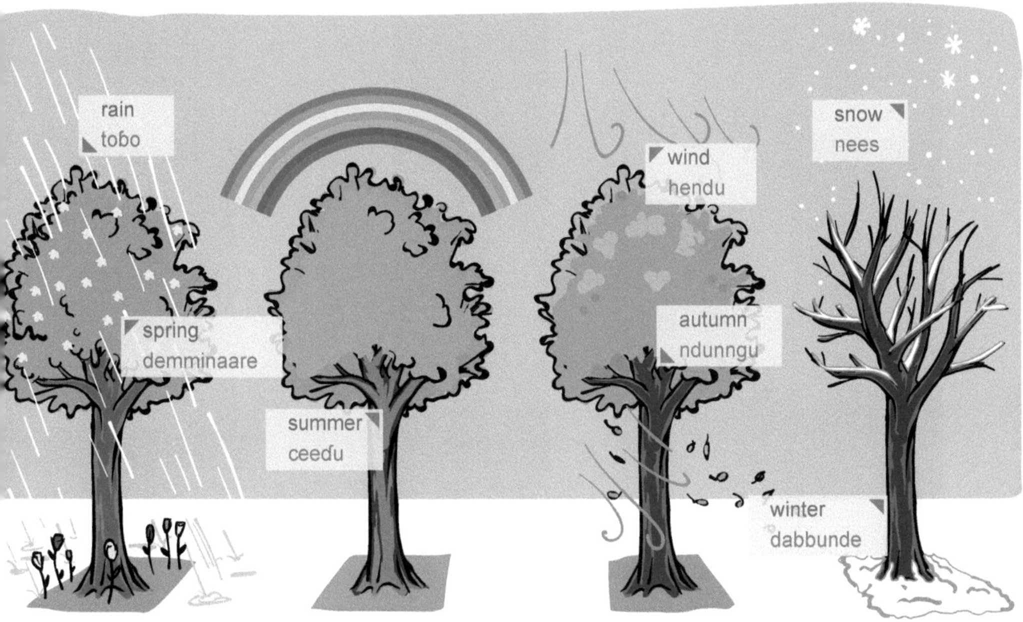

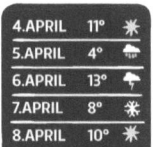

weather forecast

kabaaru weeyo

F C
120 40
90 30
60 20
30 10
0 0
-30 -10
-20

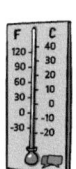

thermometer

termomeeter

sunshine

naaŋini

cloud

ruulde

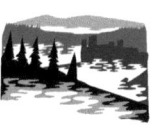

fog

cuurki

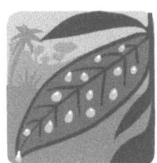

humidity

uddeende

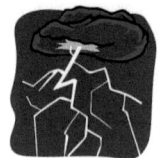

lightning

majje

thunder

gidaango

storm

hendu

hail

huɗɗni

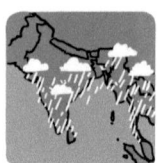

monsoon

ruulɗini

flood

waame

ice

nees

January

Siilo

February

Colte

March

Mbooy

April

Seeɗto

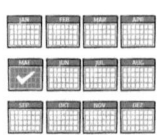

May

Duuyal

June

Korse

July

Morse

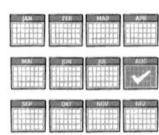

August

Juko

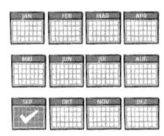

September
Siilto

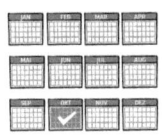

October
Yarkoma

November
Jolal

December
Bowte

shapes
balli

circle
taarto

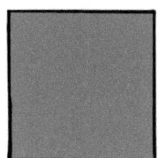

square
yaajeendi

rectangle
yaajo

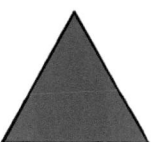

triangle
saraandi

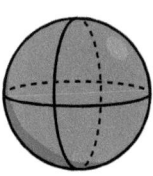

sphere
mbiifu

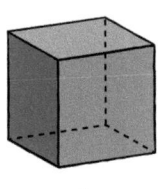

cube
kiibb

white

daneejo

yellow

oolo

orange

oraas

pink

roos

red

boɗeejo

purple

mboongu

blue

bulaajo

green

werte

brown

cooyo

grey

puro

black

ɓaleejo

a lot / a little

heewi / seeɗa

angry / calm

seki / deeyi

beautiful / ugly

yooɗi / soofi

beginning / end

fuuɗorde / gasirde

big / small

mawɗo / tokooso

bright / dark

leeri / niɓɓiɗi

brother / sister

maniraaɗo / miñiraaɗo

clean / dirty

laaɓi / tunwi

complete / incomplete

timmi / manki

day / night

ñalawma / jamma

dead / alive

maayi / wuuri

wide / narrow

yaaji / faaɗi

edible / inedible

nano / nanotaako

evil / kind

boni / moÿÿi

excited / bored

softi / yoomi

fat / thin

buttidi / sewi

first / last

adi / wattindi

friend / enemy

sehil / gaño

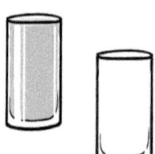

full / empty

heewi / boldi

hard / soft

muusi / weebi

heavy / light

teddi / hoyi

hunger / thirst

heege / domka

ill / healthy

faawŋi / selli

illegal / legal

wona laawol / laawol

intelligent / stupid

feerti / muddidi

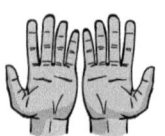

left / right

nano / ñaamo

near / far

batti / woddi

opposites - ceeri

new / used

keso / kiiɗɗo

nothing / something

ndiga / huunde

old / young

nayeejo / suka

on / off

huɓɓi / ñifii

open / closed

uditi / uddii

quiet / loud

deeÿi / dille

rich / poor

alɗi / waasi

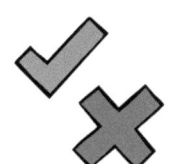

right / wrong

goonga / fenaande

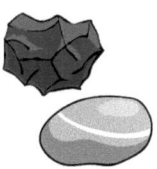

rough / smooth

tiiɗi / nooyi

sad / happy

metti / weli

short / long

raɓɓiɗi / juuti

slow / fast

leeli / yaawi

wet / dry

leppi / yoori

warm / cool

wuli / ɓuuɓi

war / peace

hare / jam

0

zero

ndiga

1

one

gooto

2

two

ɗiɗi

3

three

tati

4

four

nay

5

five

joy

6

six

jeegom

7

seven

jeeɗiɗi

8

eight

jeetati

9

nine

jeenay

10

ten

sappo

11

eleven

sappoy goo

12

twelve

sappoy ɗiɗi

13

thirteen

sappoy tati

14

fourteen

sappoy nay

15

fifteen

sappoy joy

16

sixteen

sappoy jeegom

17

seventeen

sappoy jeeɗiɗi

18

eighteen

sappoy jeetati

19

nineteen

sappoy jeenay

20

twenty

noogaas

100

hundred

teemedere

1.000

thousand

ujunere

1.000.000

million

miliyooŋ

numbers - pinɗe

English
....
Aŋale

American English
....
Aŋale Amarik

Chinese Mandarin
....
Mandare Siinaaɓe

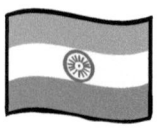

Hindi
....
Hindi

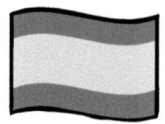

Spanish
....
Españool

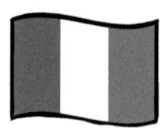

French
....
Farayse

Arabic
....
Arab

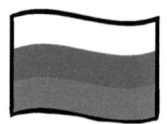

Russian
....
Riis

Portuguese
....
Portigees

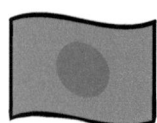

Bengali
....
Bengali

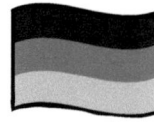

German
....
Almaa

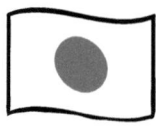

Japanese
....
Sapponee

I

miin

you

an

he / she / it

kanko / kanko / kanum

we

minen

you

onon

they

kamɓe

who?

holoon?

what?

holɗuum?

how?

holnoon?

where?

holtoon?

when?

mande?

name

inde

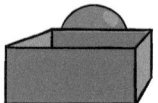

behind

caggal

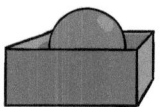

in

nder

in front of

sawndo

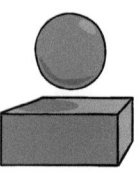

over

dow

on

e

under

les

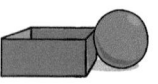

beside

sara

between

hakkunde

place

nokku

.